Romy Fischer

Häkelvirus 1

Romy Fischer

Häkelvirus 1

Mehr Informationen, YouTube-Kanal, Crazypatterns etc. auf:
www.romyfischer.de
www.facebook.com/romyfischerarts
www.twitter.com/RomyFischerArts
www.youtube.com/user/romyfischer/featured
www.crazypatterns.net/de/store/RomyFischer

Bibliographische Information Der Deutschen Bibliothek
Die Deutsche Bibliothek verzeichnet diese Publikation in der Deutschen
Nationalbibliographie; detaillierte bibliographische Daten sind im Internet über
http://dnb.ddb.de abrufbar

Bibliographic information published by Die Deutsche Bibliothek. Die Deutsche Bibliothek
lists this publication in the Deutsche Nationalbibliographie; detailed bibliographic data are
available in the Internet at
http://dnb.ddb.de

Romy Fischer
Häkelvirus 1
ISBN 978-3 741288746
Alle Rechte bei der Autorin.
Copyright Fotos Cover und im Innenteil © Romy Fischer
Oktober 2016

Herstellung und Verlag: BoD - Books on Demand, Norderstedt
Dieses Buch wurde im On-Demand-Verfahren hergestellt.

Inhalt:

Abkürzungen & Bezugsquellen – Seite 6
Kosmetiktasche/Etui „Gretchen" – Seite 9
Kosmetiktasche „Traum in pink" – Seite 14
Kosmetiktasche „Meeresrauschen" – Seite 16
Walross-Paar – Seite 18
Sommerschuhe/Hausschuhe „Granny Style" – Seite 24
Handtasche „Funky Lady" – Seite 26
Adventskranz – Seite 28
Beanie-Mütze „Rippen in Reihen" – Seite 34
Schal „Madeleine" – Seite 35
Maus der Liebe – Seite 37
Türkranz Halloween – Seite 44
Beanie-Mütze „Wintertraum" – Seite 50
Mütze mit Blüte – Seite 51
Winterhut – Seite 52
Weitere Bücher – Seite 53
Über mich – Seite 54

Abkürzungen & Bezugsquellen

In diesem Anleitungsbuch habe ich ganz bewusst auf Grafiken und Erklärungen für Häkelanfänger verzichtet. Ich selbst bin damals als Anfängerin oft daran verzweifelt, da nicht alles immer so genau verständlich war. Deshalb habe ich einige Videos für Anfänger auf YouTube hochgeladen, die du dir jederzeit und immer wieder kostenlos anschauen kannst. Du findest meine Anleitungsvideos für Anfänger auf einen Blick auf meiner Webseite http://www.romyfischer.de
Auf meinem YouTube-Kanal werde ich mit der Zeit auch mehr und mehr andere Videos zu diesem Thema hochladen, um diverse andere Fragen (auch für Fortgeschrittene) zu beantworten und Hilfestellung zu geben.
Weitere Anleitungen werde ich auch einzeln zukünftig u.a. in meinem (Crazypatterns)Shop verkaufen, den du auch über meine Webseite erreichen kannst.

Folgende Abkürzungen findest du in diesem Buch mit folgenden Bedeutungen:

M = Masche
R = Reihe
Rd = Runde (die Modelle in diesem Buch werden in Spiralrunden gehäkelt)
LM = Luftmasche
W-LM = Wendeluftmasche
fM = feste Masche
DM = doppelte Masche (2 Maschen in 1 Masche häkeln)
hStb = halbes Stäbchen
Stb = Stäbchen
DStb = doppeltes Stäbchen
KM = Kettmasche
2M zus.abgem. = 2 Maschen zusammen abgemascht
M-Glied =Maschenglied
Wdh = wiederholen
Überspr = überspringen

Die Sicherheitsaugen und Nasen, die ich für meine Amigurumi-Modelle verwendet habe, findest du im Online-Shop auf http://www.bastelmaus-shop.de

Manchmal sind einige Verschlusskappen zu eng geformt, so dass ich ein Bastelskalpell verwendet habe, um die Öffnung durch Kratzen und Schaben zu vergrößern. Solltest du auch diesen Weg gehen, kratze zunächst immer nur ein wenig und teste es dann wieder aus. Sonst kann es passieren, dass du die Öffnung zu groß gemacht hast und der Stecker des Auges nicht mehr passt. Die Modelle, die ich für dieses Buch angefertigt habe, habe ich mit einer Häkelnadel von PRYM mit dem Softgriff gehäkelt. Wer längere Zeit häkelt, wird feststellen, welchen Vorteil so ein Softgriff hat. Alle anderen Häkelnadeln haben mir nämlich sonst recht schnell Schmerzen in der Hand verursacht. Der Softgriff liegt gut in der Hand, und ich kann viel länger damit arbeiten, ohne Beschwerden zu bekommen.

Und noch ein kleiner Hinweis an dieser Stelle. Ich habe einige Jahre lang einen Online-Shop gehabt, in dem ich jede Menge vegane Wolle (Baumwolle oder Kunstfaser) verkauft habe. Warum ausschließlich vegan? Ich habe mich mit der Herstellung von Wolle ausgiebig beschäftigt, denn ich wollte wissen, was genau ich da verkaufte und nicht die Augen davor verschließen. Und mir hat sich bei den Erkenntnissen der Magen umgedreht. Prinzipiell sollte jeder selbst seine Entscheidung treffen, was für eine Wolle man verwendet. Ich verurteile niemanden, wer tierische Fasern verarbeitet, doch ich wollte diesen Hinweis machen, um diejenigen unter euch, die Interesse haben zu erfahren, was hinter der Herstellung von tierischer Wolle steckt, Informationen in die Hand zu geben. Auf der Webseite der Tierschutzorganisation PeTA zum Beispiel findest du jede Menge Informationen zum Thema Herstellung von Wolle, Schafswolle, Kaschmirziegen, Alpaka usw. Einfach die betreffenden Begriffe ins Suchfeld eingeben.

3 Kosmetiktaschen

Kosmetiktasche/Etui „Gretchen"

<u>Material:</u> Baumwollgarn „Tonja" (von Rellana; ca. 85m Lauflänge/50g) 100g hellgelb, sowie Reste in pink und lila, Häkelnadel 3,5mm, 1 Stück DIN A4 Filz in türkis, Wollnadel, Nähnadel, sowie Nähgarn in türkis und gelb, Lineal und Schere, Stecknadeln, 1 Reißverschluss in gelb 18cm

Größe: 18cm Breite, 12cm Höhe

Zum besseren Verständnis habe ich die Anleitung der Häkeltasche einmal in Textform und einmal in Häkelschrift verfasst.

40LM in hellgelb häkeln

R 1: in die 3LM neben der Nadel einstechen und 1 Stb zur Hälfte häkeln, in der nächsten LM auch 1 Stb zur Hälfte häkeln und beide Stb zusammen abmaschen, 1LM, bis zum Reihenende wdh: 2 Stb zusammen abmaschen, 1LM
R 2: 3LM, 1Stb in das vorher zus.abgem. Stb zur Hälfte häkeln und in die LM auch 1 Stb zur Hälfte häkeln und beide Stb zusammen abmaschen, 1LM, bis zum Reihenende wdh: 2Stb zusammen abmaschen, 1LM
R 1+2 stets wdh
Nach insgesamt 10R abmaschen

Dieses Stück noch einmal häkeln für die Rückseite der Tasche.

Häkelschrift

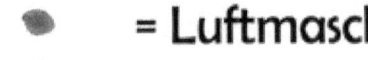 = Luftmasche

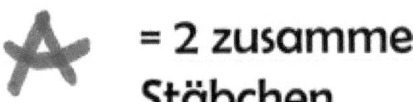 = 2 zusammen abgemaschte Stäbchen

Blüte

In pink 4LM häkeln und mit 1KM zur Runde schließen und 10fM in diese Runde häkeln (= Rd 1)
Farbwechsel in lila
Rd 2: 5x (4LM, 2DStb in 1M, 4LM, 1fM in die nächste M)
Abmaschen, einen längeren Faden lassen, um die Blüte später damit an die Tasche zu nähen.

Der Filz wird benötigt, um das Lochmuster zu schließen, damit im Anschluss nichts aus der Tasche herausfallen kann. Zudem ergibt das Hindurchschimmern des Filzes (in einer anderen Farbe im Vergleich zur Wolle) einen wunderschönen Effekt.

2 Filzstücke zuschneiden zu je 16,5cm Breite und 9,5cm Höhe (inkl. Nahtzugabe) und zusammennähen. Dadurch dass der Filz ein vergleichbar „steifes" Material ist im Vergleich zum Baumwollstoff, habe ich einfach im Wechsel hoch und runter gestochen mit sehr kleinen Abständen, als ob ich mit der Nähnadel weben würde (Vorstich). Der Filz ist dicht genug, so dass dort nichts hindurchfallen würde. Die obere breite Seite offen lassen.

Im nächsten Schritt nähst du mit dem langen Wollfaden die gehäkelten Stücke zusammen. Hier habe ich vom Stich her genauso verfahren wie bei der Naht im Filz: 1 Stich nach oben, 1 Stich nach unten durch die einzelnen Maschen, die Stiche sehr dicht nebeneinander setzen. Oben die breitere Seite offen lassen.

Beide Nähte sitzen an der Außenseite d.h. nicht auf links drehen, dann nähen und um Anschluss wieder wenden.

Im Anschluss die Filztasche in die gehäkelte Tasche schieben, mit Stecknadeln fixieren und die oberen Kanten in der Breite mit ein paar Stichen mit Nähgarn fixieren.
Zuletzt den Reißverschluss (mittig) einlegen und zunächst auf einer Seite mit Stecknadeln feststecken und festnähen. Wenn du auf der anderen Seite den Reißverschluss annähen möchtest, ist es am einfachsten, wenn du ihn öffnest. Denn so hast du die Möglichkeit, in die Tasche hineinzugreifen und die Nadel nach innen und wieder heraus zu ziehen.

Die Naht, mit der du den Reißverschluss einnähst, wird auf den folgenden Seiten erklärt.

Zur Naht für den Reißverschluss (hier ein Beispiel):

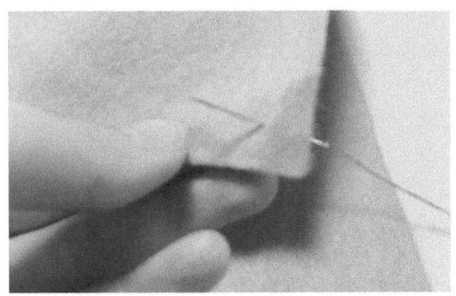 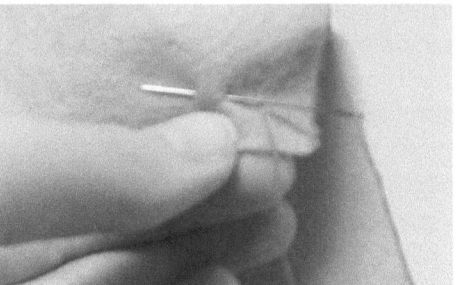

Von unten einstechen und den Faden durchziehen (Abb. 1). Wenige Millimeter daneben einstechen, wieder ausstechen und den Faden wieder durchziehen (Abb. 2).

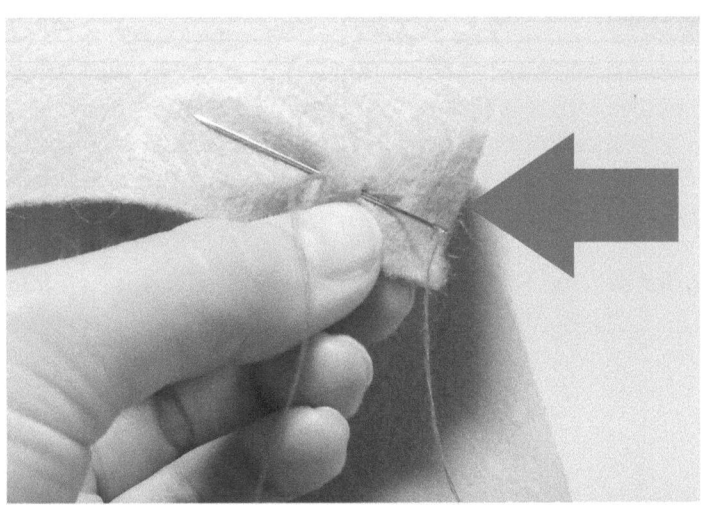

Es entsteht eine Lücke. Um diese Lücke zu schließen, mit der Nadel zurückgehen und dort wieder einstechen, wo du im vorherigen Schritt eingestochen hast. Und du stichst auch dort wieder aus, wo du im vorherigen Schritt ausgestochen hast – quasi diesen Schritt wiederholen. Dann wiederholst du ab Abb. 2 immer wieder diese beiden Schritte.

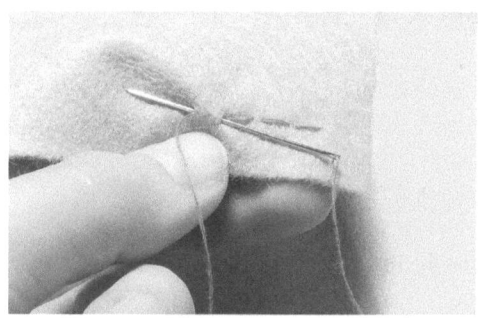

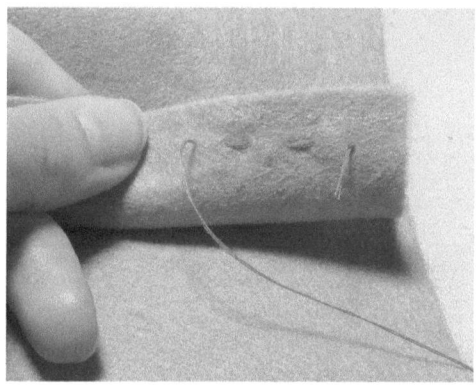

So sieht die Naht von innen/hinten aus.

Es kann sein, dass in einigen Fällen auf der linken und rechten Ecke eine Lücke entsteht bzw. dass die Tasche vielleicht um 1-2cm insgesamt länger erscheint als der Reißverschluss (je nachdem, wie fest oder locker gehäkelt wird, ob mit dem Originalgarn oder einer Alternative). Hierfür verwende ich ggf. den Wollfaden erneut, um mit 1-2 Stichen diese Lücke von außen zu schließen, was am Ende nicht weiter auffällt.

Zu guter Letzt wird die Blüte auf die Vorderseite angenäht.

Kosmetiktasche „Traum in pink"

Material: Baumwollgarn „Tonja" (von Rellana; ca. 85m Lauflänge/50g) 100g pink, Häkelnadel 3,5mm, 1 Stück DIN A4 Filz in royalblau, Wollnadel, Nähnadel, sowie Nähgarn in pink und blau, Lineal und Schere, Stecknadeln, 1 Reißverschluss in pink 18cm

Größe: 21cm Breite, 13cm Höhe (Bild auf S. 8)

Zum besseren Verständnis habe ich die Anleitung der Häkeltasche einmal in Textform und einmal in Häkelschrift verfasst.

46LM häkeln

R 1: in die 7. LM neben der Nadel einstechen und *1fM häkeln, 2LM, 2M überspr., 1fM, 4LM, 1M überspr.,1fM, ab * wdh, am Reihenende 2LM, 1Stb
R 2: 1LM, 1fM in den ersten LM-Bogen, *4Stb in den nächsten LM-Bogen, 1fM in den nächsten LM-Bogen, ab * wdh.
R 3: 5LM, *1fM in das 1. Stb, 2LM, 1fM in das 4. Stb, 4LM, ab * wdh., am Reihenende 2LM, 1Stb
R 2+3 stets wdh (insgesamt 5x wdh), sowie zum Abschluss des Musters noch 1x R 2.
Daraufhin 2 R durchgehend fM + 1W-LM am Ende der R

Eine Anleitung/Erklärung, wie der Reißverschluss eingenäht wird, findest du ab S. 12

Häkelschrift

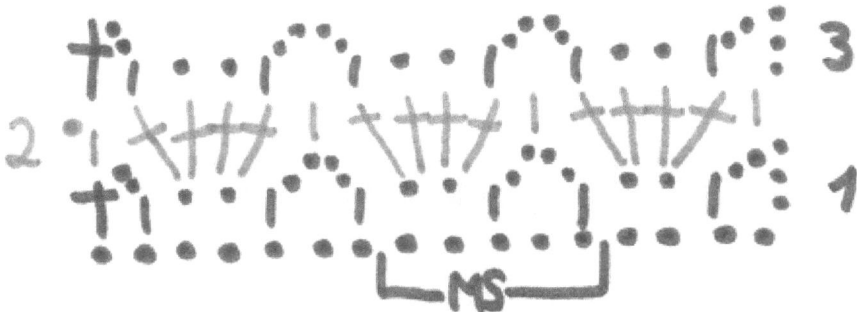

- • = Luftmasche
- (= feste Masche
- † = Stäbchen

2 Filzstücke zuschneiden zu je 20cm Breite und 12cm Höhe (inkl. Nahtzugabe) und zusammennähen.
Die Endfertigung der Filzinnentasche, sowie das Zusammennähen der Außentasche etc. findest du in der Anleitung der vorherigen Kosmetiktasche.

Kosmetiktasche „Meeresrauschen"

Material: Baumwollgarn „Tonja" (von Rellana; ca. 85m Lauflänge/50g) 50g blau, Häkelnadel 3,5mm, 1 Stück DIN A4 Filz in pink, Wollnadel, Nähnadel, sowie Nähgarn in pink und blau, Lineal und Schere, Stecknadeln, 1 Reißverschluss in blau 18cm

Größe: 16cm Breite, 13cm Höhe (Bild auf S. 14)

Zum besseren Verständnis habe ich die Anleitung für die Häkeltasche einmal in Textform und einmal in Häkelschrift verfasst.

43LM häkeln

R 1: in die 3. LM neben der Nadel einstechen und 1Stb häkeln, *3LM, 3M überspr., 1fM, 3LM, 3M überspr., 1Stb, 3LM, 3M überspr., 1fM, ab * wdh., am Reihenende 1Stb
R 2: 2LM, 1Stb, *1LM, 1M überspr.,1fM, 3LM, 3M überspr, 1fM, 1LM, 1M überspr., 1Stb, ab * wdh, am Reihenende 1Stb
R 3: 2LM, *1Stb, 3M überspr., 7Stb in 1M, 3M überspr., ab * wdh, am Reihenende 1Stb
R 4: 2LM, 1Stb, *3LM, 1fM in das mittlere der 7Stb der Vorreihe, 3LM, 1Stb in das Stb der Vorreihe, ab * wdh, am Reihenende 1Stb

R 1-4 stets wdh (insgesamt 3x wdh).
Daraufhin 2 R durchgehend fM + 1W-LM am Ende der R

Eine Anleitung/Erklärung, wie der Reißverschluss eingenäht wird, findest du ab S. 12

Häkelschrift

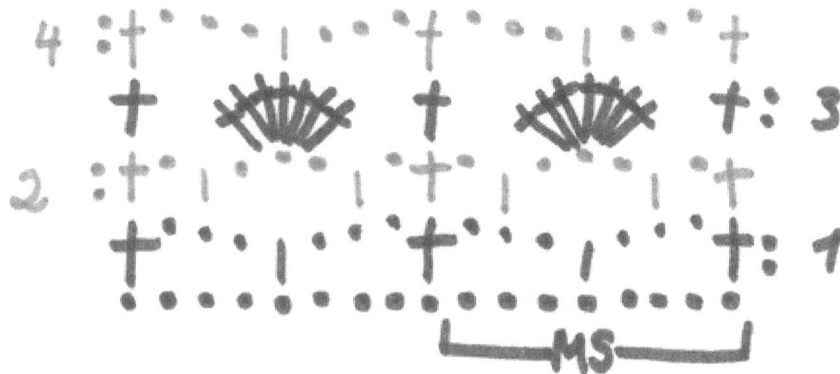

- • = Luftmasche
- ı = feste Masche
- † = Stäbchen

2 Filzstücke zuschneiden zu je 17cm Breite und 11cm Höhe (inkl. Nahtzugabe) und zusammennähen.
Die Endfertigung der Filzinnentasche, sowie das Zusammennähen der Außentasche etc. findest du in der Anleitung der vorherigen Kosmetiktasche („Gretchen").

Walross-Paar

Material: Acrylwolle in rosa bzw. hellblau (je 1 Knäuel à 50g), sowie natur/wollweiß; alternativ kann natürlich normales weiß verwendet werden (Original: Rellana „Caprice"), Häkelnadel 3,5mm, 1 Paar Sicherheitsaugen in schwarz ø 10mm (pro Figur), 1 Sicherheitsnase 11x9cm; rosa und/oder schwarz (pro Figur), Füllwatte, Stopfnadel, Wollnadel, Schere, ggf. Stecknadeln

Größe: ca. 9cm Höhe, 11cm Länge

Schnauze (natur)

11LM häkeln (es wird auf beiden Seiten gearbeitet; Ober- und Unterseite)

Rd 1: 9fM, 3fM in die letzte LM, Arbeit zur Unterseite drehen und dort weiterarbeiten: 8fM, 1DM (22M)
Rd 2-4: 22fM (22M)
1KM, abmaschen

Die Sicherheitsnase mittig platzieren und feststecken und die Schnauze vorerst zur Seite legen.

Kopf (rosa/hellblau)

Rd 1: 6fM in einen Fadenring häkeln und zuziehen (6M)
Rd 2: alle M verdoppeln (12M)
Rd 3: 6x (1fM, 1DM) (18M)
Rd 4: 6x (2fM, 1DM) (24M)
Rd 5: 6x (3fM, 1DM) (30M)
Rd 6: 6x (4fM, 1DM) (36M)
Rd 7-11: 36fM (36M)
Rd 12: 6x (2M zus.abgem., 4fM) (30M)
Rd 13: 6x (2M zus.abgem., 3fM) (24M)
Rd 14: 6x (2M zus.abgem.,2fM) (18M)

Nun wird zunächst die Schnauze festgesteckt und angenäht. Hierbei darauf achten, dass sie zwar weit genug unten ansetzt, jedoch nicht durch die letzte Runde genäht wird, da gleich noch durch diese Maschen gehäkelt werden muss. Bevor du die Schnauze feststeckst, stopfe provisorisch den Kopf ein wenig mit Watte aus, damit die Schnauze einen guten Sitz bekommt.

Im Anschluss dann die Augen feststecken – hierbei kannst du mit den Stecknadeln erst einmal austesten, wo du sie genau hinhaben möchtest. So kannst du ggf. noch etwas korrigieren. Hierfür nimmst du die Watte natürlich wieder heraus.
Danach stopfst du den Kopf ordentlich mit Watte aus und stopfst nach Rd 15 auch noch einmal etwas nach, falls dann noch Platz sein sollte.
Rd 15: 6x (2M zus.abgem., 1fM) (12M)
Rd 16: 6x 2M zus.abgem. (6M)
Öffnung zunähen und einen langen Faden dran lassen – er wird später zum Annähen an den Kopf benötigt.

Körper (rosa bzw. hellblau)

Rd 1: 6fM in einen Fadenring häkeln und zuziehen (6M)
Rd 2: alle M verdoppeln (12M)
Rd 3: 6x (1fM, 1DM) (18M)
Rd 4: 6x (2fM, 1DM) (24M)
Rd 5: 6x (3fM, 1DM) (30M)
Rd 6-13: 30fM (30M)
Rd 14: 6x (2M zus.abgem., 3fM) (24M)
Rd 15+16: 24fM (24M)
Rd 17: 6x (2M zus.abgem., 2fM) (18M)
Rd 18+19: 18fM (18M)
Nun den Körper mit Watte füllen und in den folgenden Runden immer mal wieder nachstopfen.
Rd 20: 6x (2M zus.abgem., 1fM) (12M)
Rd 21+22: 12fM (12M)
Rd 23: 6x 2M zus.abgem. (6M)
Öffnung zunähen.

Flossen (2x vorne; rosa bzw. hellblau)

Rd 1: 6fM in einen Fadenring häkeln und zuziehen (6M)
Rd 2: alle M verdoppeln (12M)
Rd 3: 6x (1fM, 1DM) (18M)
Rd 4: 6x (2fM, 1DM) (24M)
Rd 5: 6x (3fM, 1DM) (30M)
Rd 6: 6x (4fM, 1DM) (36M)
In der Mitte zusammenfalten und mit fM zusammenhäkeln (zu einem Halbkreis verschließen)

Flossen (2x hinten; rosa bzw. hellblau)

Rd 1: 6fM in einen Fadenring häkeln und zuziehen (6M)
Rd 2: alle M verdoppeln (12M)
Rd 3: 6x (1fM, 1DM) (18M)
Rd 4: 6x (2fM, 1DM) (24M)
Rd 5: 6x (3fM, 1DM) (30M)
In der Mitte zusammenfalten und mit fM zusammenhäkeln (zu einem Halbkreis verschließen)

Stoßzähne (2x natur)

Rd 1: 6fM in einen Fadenring häkeln und zuziehen (6M)
Rd 2: 6fM (6M)
Rd 3: 1DM, 5fM (7M)
Rd 4: 7fM (7M)
Rd 5: 1DM, 6fM (8M)
Rd 6: 8fM (8M)
Rd 7: 1DM, 7fM (9M)
Rd 8: 9fM (9M)
1KM, abmaschen und die Stoßzähne mit Watte ausstopfen.

Alle 4 Flossen an den unteren Teil des Körpers wie auf den folgenden Bildern dargestellt annähen. Der schmalere Teil des Körpers ist hinten, der dickere Teil des Körpers ist vorne.

Im Anschluss wird der Kopf angenäht, und mir persönlich fiel es leichter, die Stoßzähne erst zuletzt anzunähen, nachdem der Kopf bereits fest auf dem Körper saß.

Sommerschuhe/Hausschuhe „Granny Style"

<u>Material:</u> 1 Paar PRYM Espandrilles Sohlen, Baumwolle „Catania" von Schachenmayr in orchidee, violett, natur und pfau, Häkelnadel 2,5mm, Wollnadel und Sticknadel nicht mit abgerundeter sondern mit spitzer Spitze, Stecknadeln

Bild auf S. 21

In orchidee beginnend

6LM häkeln und mit 1KM zur Runde schließen

Rd 1: 3LM (zählt als 1Stb), 3Stb in den Ring, 3LM, 3x (4Stb in den Ring, 3LM), 1KM in die 3. der 3LM
Rd 2: 5LM (zählt als 1Stb, 2LM), *nächste 2Stb überspr., 1Stb in nächstes Stb, (2Stb, 3LM, 2Stb) in den nächsten 3LM-Bogen, **1Stb in das nächste Stb, 2LM, ab * 2x wdh, von * bis ** nochmals wdh, 1KM in die 3. der 5LM
Farbwechsel in violett
Rd 3: 5LM (zählt als 1Stb, 2LM), *3Stb, (2Stb, 3LM, 2Stb) in den nächsten 3LM-Bogen, **3Stb, 2LM, ab * 2x wdh, von * bis ** nochmals wdh, je 1Stb in nächste 2Stb, 1KM in die 3. der 5LM
Rd 4: 5LM (zählt als 1Stb, 2LM), *5Stb, (2Stb, 3LM, 2Stb) in den nächsten 3LM-Bogen, ** 5Stb, 2LM, ab * 2x wdh, von * bis ** nochmals wdh, je 1Stb in nächste 4Stb, 1KM in die 3. der 5LM
Farbwechsel in natur
Rd 5: 5LM (zählt als 1Stb, 2LM), *7Stb, (2Stb, 3LM, 2Stb) in den nächsten 3LM-Bogen, **7Stb, 2LM, ab * 2x wdh, je 1Stb in nächste 6Stb, 1KM in die 3. der 5LM
Farbwechsel in pfau
Rd 6: 5LM (zählt als 1Stb, 2LM), *9Stb, (2Stb, 3LM, 2Stb) in den nächsten 3-LM-Bogen, ** 9Stb, 2LM, ab * 2x wdh, von * bis ** nochmals wdh, je 1Stb in nächste 8Stb, 1KM in die 3. der 5LM
Rd 7: 1LM, 1fM in dieselbe M, 1fM in jedes Stb der Vorrunde, 2fM in jeden 2LM-Bogen, (2fM, 2LM, 2fM) in jeden 3LM-Bogen an jeder Ecke

Nun muss das Granny Square an den jeweiligen Fuß „angepasst" werden, für den der Schuh gedacht ist. Ich habe in meinem Beispielmodell für die Größe 37 gehäkelt. Hierfür habe ich auf der rechten und linken Seite des Quadrats jeweils noch 4 Reihen fM gehäkelt. Doch da jeder Fuß unterschiedlich hoch ist, müsstest du ausprobieren, wie viele zusätzliche Reihen du links und rechts häkeln müsstest, damit der Schuh am Ende weder zu eng noch zu locker sitzt.
Stell deinen Fuß auf die Sohle und lege das Quadrat darüber. Es sollte angenehm über dem Fuß liegen, nicht straff gezogen.
Wenn du die entsprechende Anzahl an zusätzlichen Reihen gehäkelt hast, steckst du das Häkelquadrat an der Sohle fest und nähst mit einer spitzen Nadel, durch die der Wollfaden hindurchgezogen werden kann, das Quadrat an der Sohle fest. Hierfür stichst du von oben 1x durch das Quadrat und 1x durch die Sohle (ca. 0,5cm tief), ziehst den Faden bis auf eine kleine Schlaufe hindurch. Durch diese Schlaufe schiebst du nun die Nadel und ziehst den Faden fest an („Festonstich").

Handtasche „Funky Lady"

<u>Material:</u> Wolle „Cotton Soft" von Rellana (150m Lauflänge/50g) in schwarz (ca. 200g), lila und türkis (je 50g), Häkelnadel 3,0mm, Wollnadel, Stecknadeln und einen schwarzen Reißverschluss 40cm

Größe: 41cm Breite, 27cm Höhe

Bild auf S. 21

Diese Handtasche wird mit Häkelquadraten, so genannte „Granny Squares" gehäkelt. Allerdings handelt es sich hierbei nicht um klassische Häkelquadrate, die in Runden gehäkelt werden, sondern hier wird in Reihen gearbeitet. Diese Tasche kann auch von Anfängern/innen gehäkelt werden, die die Grundkenntnisse beherrschen.

Insgesamt werden 12 Quadrate wie folgt gehäkelt:

29LM häkeln (in schwarz beginnen)

Jede Reihe werden 28fM + 1W-LM gehäkelt.

R 1-17: (schwarz) 28fM + 1W-LM
R 18-21: (lila) 28fM + 1W-LM
R 22+23: (türkis): 28fM + 1W-LM
R 24-27: (lila): 28fM + 1W-LM
R 28+29: (schwarz) 28fM + 1W-LM

6 Quadrate pro Seitenhälfte unterschiedlich anordnen (siehe Bild auf S. 21). Die Streifen eines jeden Quadrats zeigen in eine andere Richtung. Das macht die Tasche zu einem Hingucker. Die einzelnen Quadrate habe ich mit dem „Vorstich" zusammengenäht (Erklärung des Vorstichs in der Anleitung auf S. 11). Im Anschluss beide Taschenseiten aufeinander legen, so dass beide Außenseiten auch nach außen zeigen. Mit der Häkelnadel befestigst du den Faden an einem der oberen Ränder, indem du eine Schlaufe durch beide Seitenteile ziehst und dann eine LM häkelst. Daraufhin häkelst du über alle 3 Seiten fM, mit denen du

beide Seitenteile miteinander befestigst und somit zusammenhäkelst. Die obere Seite bleibt frei.

Für beide Träger häkelst du jeweils in schwarz eine 72cm lange LM-Kette.
Insgesamt über 6 Reihen häkelst du fM und am Ende jeweils 1W-LM.
Die Träger werden im Anschluss von Außen an die Tasche angenäht. Die Mitte der Träger berührt die Naht zwischen dem äußeren und dem mittleren Häkelquadrat. Die Enden der Träger liegen jeweils zu ca. 5cm auf der Tasche auf.

Im letzten Schritt wird der Reißverschluss eingenäht.

Adventskranz

Material: Acrylgarn in dunkelgrün/tanne (50g), rot und gelb (Original „Caprice"
von Rellana), Häkelnadel 3,5mm, Wollnadel, Styroporkranz ø 20cm, entweder
Perlenband/Perlenkette ca. 1m-1,10m aus dem Bastelfachhandel oder aber
Glasfacettenperlen mindestens 4mm Größe (ich habe unterschiedliche Größen
verwendet; 4mm, 6mm und 8mm in unterschiedlichen Blautönen; ausreichend
für die Länge von 1m-1,10m), Nähgarn in passender Farbe, sowie eine Nähnadel
und 4 LED-Teelichter

Kranz (tanne bzw. dunkelgrün)

Der Bezug für den Kranz wird in Reihen gehäkelt.
Ich lasse es an dieser Stelle offen, wie viele Reihen du benötigst und rate dazu,
regelmäßig den Bezug über den Kranz zu ziehen und selbst abzuschätzen, da
jeder von uns unterschiedlich fest oder locker häkelt. Und da der Bezug genau
passen soll, müsste es jeder selbst ausprobieren.
Aufgrund dessen sollte auch jeder ausprobieren, wie viele Luftmaschen man
benötigt.
Ich habe insgesamt 29LM gehäkelt und um den Krank gewickelt. Die Enden
sollten sich berühren können, ohne die LM-Kette straff zu ziehen.
Die Reihen werden wie folgt gehäkelt:

5fM, 28Stb, 5fM, und am Ende einer jeden Reihe dann noch 1 W-LM häkeln

Am Ende zum Abmaschen 2LM häkeln und einen langen Faden lassen, mit
dem im nächsten Schritt der Bezug um den Styroporkranz herum
zusammengenäht wird.

Hier ein bildliches Beispiel, wie der Bezug des Kranzes angebracht wird:

 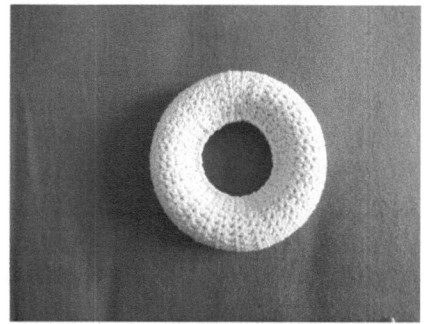

Teelichthalter/Bezug (4x; rot)

Rd 1: 6fM in einen Fadenring häkeln und zuziehen (6M)
Rd 2: alle M verdoppeln (12M)
Rd 3: 6x (1fM, 1DM) (18M)
Rd 4: 6x (2fM, 1DM) (24M)
Rd 5: 6x (3fM, 1DM) (30M)
Rd 6: 30fM ins hintere M-Glied (30M)
Rd 7+8: 30fM (30M)
1KM, abmaschen und zur Seite legen

Schleifen (4x; gelb)

26LM häkeln und mit 1KM zur Runde schließen

Insgesamt 3 Runden fM häkeln und mit 1KM und 1LM abmaschen.
Einen längeren Faden lassen (ca. 70-80cm). Die Schlaufe, die gehäkelt wurde, flach hinlegen, so dass der abgeschnittene Faden auf der Rückseite in der Mitte liegt. Diesen dann nehmen und mehrere Male so fest es geht mittig umwickeln. So entsteht die Schleife. Sobald du fertig bist mit dem Umwickeln, den Faden auf der Rückseite fest verknoten – hierfür habe ich den Faden vorsichtig in die Wollnadel eingefädelt und auf der Rückseite durch die gewickelten Fäden gestochen. Dort dann einen Doppelknoten machen und noch ein paar Mal durch die Fäden stechen. Den restlichen Faden zum Annähen an den Kranz dran lassen.

Wenn du keine fertige Perlenkette aus dem Bastelfachhandel da hast, fädel nun die Perlen auf einen Nähgarnfaden – die erste Perle wird unten mit dem Fadenende verknotet, damit sie nicht herunterrutscht. Zur Sicherheit habe ich übrigens den Faden doppelt genommen, d.h. ich habe ca. 3m-3,20m Nähgarn abgeschnitten, durch die Nadel gezogen und unten verknotet. So halte ich es für stabiler. Nun alle Perlen nach und nach auffädeln, und auch hier die letzte Perle mit dem Garn verknoten, damit sich die Perlenkette nicht auflöst und alle Perlen wieder herunterrutschen können.

Im nächsten Schritt wickelst du die Perlenkette so um den Kranz herum, dass 4 gleichgroße Bereiche entstehen. Die Kette läuft leicht diagonal über den Kranz. Die Enden nähst du am Kranzbezug an, indem die einmal durch den Bezug stichst und dann durch die jeweilige Perle, daraufhin verknoten. Damit die Perlenkette nicht immer wieder auf dem Kranz hin und her rutschen kann, aber ich sie an 4 Stellen oben und 4 Stellen unten (frei gewählt) jeweils mit einem Stich durch den Kranzbezug und durch eine Perle mit anschließendem Knoten fixiert. So kann nichts mehr verrutschen.

Im Anschluss werden die Teelichthalter und die Schleifen angenäht. Die Schleifen habe ich nur mit 1-2 Stichen durch den Kranzbezug und die Schleife fixiert, die Teelichthalter zunächst mit 2 groben Stichen unten mittig. Dann habe ich ein Teelicht hineingestellt, so dass sich der Bezug nicht verformt, und habe einmal rund herum genäht – sofern der Teelichthalter den Kranz an den jeweiligen Stellen berührt hat. Es gibt Stellen, da steht der Teelichthalter vom Kranz ein wenig ab. Dort bitte nicht durchstechen und den Bezug mit ein paar Stichen zum Kranz hinziehen, denn dann verformt sich der Teelichthalter, und es sieht unschön aus. Diese Stellen dann einfach auslassen beim Nähen bzw. an der Stelle dort festnähen, wo der Teelichthalter mit dem Kranzbezug in Kontakt kommt.

Und hier noch einmal der wichtige Hinweis, dass bitte nur LED-Teelichter verwendet werden sollen. Es handelt sich hierbei um leicht brennbares Material. Wenn echte Kerzen verwendet werden, kann es bei diesem Adventskranz schnell zu gefährlichen Situationen kommen.

Beanie-Mütze „Rippen in Reihen"

Material: Häkelgarn 150g „Lisa" in der Farbe petrol von WollButt (beziehbar über www.buttinette.de; ca. 85m Lauflänge/50g), Häkelnadel 6,0mm, Wollnadel

Diese Mütze wird nicht in Runden, sondern in Reihen gehäkelt.

Hierfür 41LM häkeln

R 1: 40fM, 1W-LM
R 2: 40fM ins hintere M-Glied, 1W-LM
R 1 + 2 immer im Wechsel
Insgesamt häkelst du 60 Reihen.
Nach der letzten Reihe, die du wieder mit 1W-LM beendest, drehst du deine Arbeit so herum, dass du nun seitlich (die rechte Seite herunter) 2 Reihen mit fM häkelst. Dies ist dann quasi der Bund, der um den Kopf herum liegt.
Sobald du damit fertig bist, legst du das Häkelstück in der Mitte zusammen, so dass sich die beiden Längskanten berühren. Die Rippen liegen auf der Innenseite. Nun verschließt du die Öffnung, indem du die Längskanten mit 1 Reihe fM zusammenhäkelst. Es entsteht ein Schlauch.
Hinterlasse beim Abmaschen einen längeren Faden. Diesen fädelst du im Anschluss durch eine Wollnadel, mit der du den Faden am oberen Ende der Mütze hindurch webst d.h. in der einen Masche stichst du herunter, in der nächsten Masche wieder herauf. Währenddessen die Öffnung mehr und mehr zusammenziehen. Dadurch dass die Wolle recht dick ist, wird eine kleine Öffnung bleiben, egal wie fest man oben zuzieht. Deshalb zum Schluss mit ein paar Stichen die Öffnung oben verschließen (zusammennähen).
Dann die Mütze wenden – fertig.

Schal „Madeleine"

Material: Wolle „Lisa" von WollButt (Buttinette; ca. 85m Lauflänge/50g) 200g in cyclam, Häkelnadel 6,0mm, Wollnadel

Zum besseren Verständnis habe ich diese Anleitung einmal in Textform, aber auch in Häkelschrift verfasst.

246LM häkeln

R 1: In die 8. LM neben der Nadel einstechen und 1fM häkeln, *5LM, 3M überspr., 1fM, ab * wdh, am Reihenende 1Stb
R 2: 3LM, 3Stb in den ersten LM-Bogen, 1fM in den nächsten LM-Bogen, *3x (5LM, 1fM in den nächsten LM-Bogen), 7Stb in den nächsten LM-Bogen, ab * wdh., am Reihenende 4Stb in den letzten LM-Bogen
R 3: 4LM, 3x (1Stb, 1LM), 1fM in den nächsten LM-Bogen, *2x (5LM, 1fM in den nächsten LM-Bogen), 7x (1LM, 1Stb), 1LM, 1fM in den nächsten LM-Bogen, ab * wdh., am Reihenende 4x (1LM, 1Stb)
R 4: 3LM, 3x (2LM, 1Stb), 2LM, *1fM in den nächsten LM-Bogen, 5LM, 1fM in den nächsten LM-Bogen, 2LM, 7x (1Stb, 2LM), ab * wdh., am Reihenende 4x (2LM, 1Stb)
R 5: 5LM, 1fM in das 2. Stb, 5LM, 1fM in das 4. Stb, *7Stb in den nächsten LM-Bogen, 1fM in das nächste Stb, 5LM, 1fM in das 3. Stb, 5LM, 1fM in das 5. Stb, 5LM, 1fM in das 7. Stb, ab * wdh., am Reihenende 1Stb
R 6: 8LM, 1fM in den nächsten LM-Bogen, 1LM, *7x (1Stb, 1LM), 1fM in den nächsten LM-Bogen, 2x (5LM, 1fM in den nächsten LM-Bogen), 1LM, ab * wdh., am Reihenende 6LM, 1Stb
R 7: 5LM, 1fM in den ersten LM-Bogen, 2LM, *7x (1Stb, 2LM), 1fM in den nächsten LM-Bogen, 5LM, 1fM in den nächsten LM-Bogen, 2LM, ab * wdh., am Reihenende 2LM, 1Stb
R 8: 8LM, 3Stb in den ersten LM-Bogen, *1fM in das erste Stb, 3x (5LM, 1fM in das 3. Stb), 7Stb in den nächsten LM-Bogen, ab * wdh., am Reihenende 4Stb in den letzten LM-Bogen
Abmaschen, Fäden vernähen

Häkelschrift

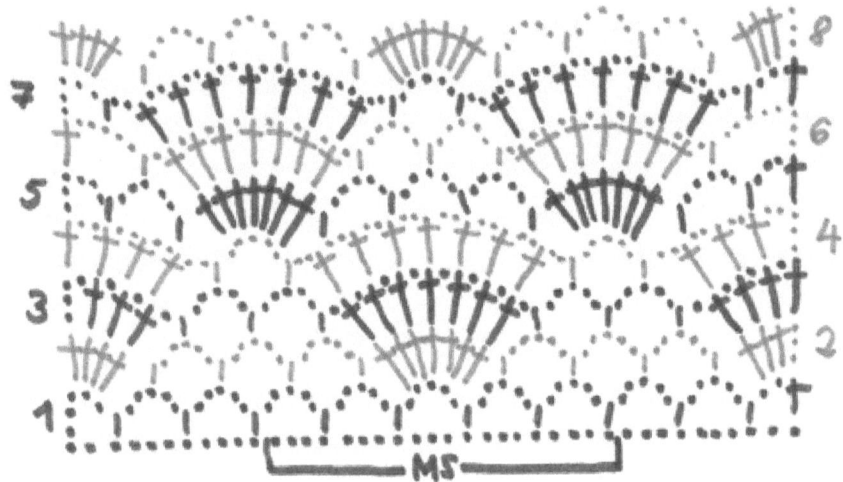

- • = Luftmasche
- ı = feste Masche
- † = Stäbchen

Maus der Liebe

Material: Häkelgarn 50g türkis und 50g gelb, sowie rosa und pink („Cotton Soft" von Rellana), Häkelnadel 3,0mm, 1 Paar Sicherheitsaugen in schwarz ø 14mm, Schwarzer Sticktwist, Chenilledraht ca. 13cm, Füllwatte, Stopfnadel, Schere

Größe: ca. 26cm

Beine (2x)

In rosa beginnend

Rd 1: 6fM in einen Fadenring häkeln und zuziehen (6M)
Rd 2: alle M verdoppeln (12M)
Rd 3: 6x (1fM, 1DM) (18M)
Rd 4: 6x (2fM, 1DM) (24M)
Rd 5: 6x (3fM, 1DM) (30M)
Rd 6: 6x (4fM, 1DM) (36M)
Farbwechsel in türkis
Rd 7-9: 36fM (36M)
Rd 10: 12fM, 6x (2M zus.abgem.), 12fM (30M)
Rd 11: 10fM,x (2M zus.abgem.), 2fM, 2x (2M zus.abgem.), 10fM (26M)
Rd 12: 11fM, 2x (2M zus.abgem.), 11fM (24M)
Rd 13: 6x (2M zus.abgem., 2fM) (18M)
Rd 14-27: 18fM(18M)
Das Bein nun mit Watte füllen – nach oben hin etwas weniger, damit es später gut am Körper anliegt.
Rd 28: 6x (2M zus.abgem.) (12M)
Die Öffnung zusammendrücken und mit 6fM zusammenhäkeln/verschließen.

Arme (2x)

In rosa beginnend

Rd 1: 6fM in einen Fadenring häkeln und zuziehen (6M)
Rd 2: alle M verdoppeln (12M)
Rd 3: 6x (1fM, 1DM) (18M)
Rd 4: 6x (2fM, 1DM) (24M)

Rd 5: 6x (3fM, 1DM) (30M)
Farbwechsel in türkis
Rd 6-8: 30fM (30M)
Rd 9: 10fM, 5x (2M zus.abgem.), 10fM (25M)
Rd 10: 7fM, 2x (2M zus.abgem.), 3fM, 2x (2M zus.abgem.), 7fM (21M)
Rd 11: 3x (2M zus.abgem., 5fM) (18M)
Rd 21: 6x (2M zus.abgem., 1fM) (12M)
Schon jetzt den unteren Teil mit Watte ausfüllen.
Rd 13-27: 12fM (12M)
Nun den kompletten Arm mit Watte ausstopfen – auch hier nach oben hin weniger, damit er später gut am Körper anliegt.
Noch 2fM häkeln, um an der Seite anzukommen.
Die Öffnung zusammendrücken und mit 6fM zusammenhäkeln/verschließen.

Körper (türkis)

Rd 1: 6fM in einen Fadenring häkeln und zuziehen (6M)
Rd 2: alle M verdoppeln (12M)
Rd 3: 6x (1fM, 1DM) (18M)
Rd 4: 6x (2fM, 1DM) (24M)
Rd 5: 6x (3fM, 1DM) (30M)
Rd 6: 6x (4fM, 1DM) (36M)
Rd 7: 6x (5fM, 1DM) (42M)
Rd 8: 6x (6fM, 1DM) (48M)
Rd 9-11: 48fM (48M)
In der nächsten Runde werden die Beine drangehäkelt. Der Punkt, von dem du startest, ist die Rückseite der Maus. Deshalb achte darauf, dass die Beine nach vorne zeigen.
Rd 12: 14fM, 6fM (das linke Bein), 8fM, 6fM (das rechte Bein), 14fM (48M)
Rd 13-15: 48fM
1KM, abmaschen – den Markierungsfaden noch dranlassen, da später, wenn das Kleid drangehäkelt wird, beide Punkte mit dem Markierungsfaden exakt übereinander gelegt werden.

Kleid (gelb)

60LM häkeln und mit 1KM zur Runde schließen. Hierbei aufpassen, dass sich die LM-Kette nicht verdreht.

Rd 1-9: 60fM
Rd 10: 6x (2M zus.abgem., 8fM) (54M)
Rd 11: 54fM (54M)
Rd 12: 6x (2M zus.abgem., 7fM) (48M)
Rd 13: 48fM (48M)
Rd 14: das Kleid wird nun mit 48fM an den Körper drangehäkelt. Hierbei darauf achten, dass du durch beide Schichten mit der Nadel stichst – durch das Kleid und durch den Körper. Du häkelst mit gelb einfach weiter. Auch ganz wichtig, um weiterhin die Runden wie vorher zählen zu können, die Punkte beider Teile mit dem Markierungsfaden exakt übereinanderzulegen.
Rd 15-22: 48fM (48M)
Rd 23: 6x (2M zus.abgem., 6fM) (42M)
Rd 24: 6x (2M zus.abgem., 5fM) (36M)
Rd 25: 6x (2M zus.abgem., 4fM) (30M)
Farbwechsel in türkis
In der folgenden Runde werden die Arme drangehäkelt, genau wie die Beine.
Rd 26: 7fM, 6fM (linker Arm), 7fM, 6fM (rechter Arm), 4fM (30M)
Rd 27: 6x (2M zus.abgem., 3fM) (24M)
Den Körper nun mit Watte füllen und in den folgenden Runden immer mal wieder nachstopfen.
Rd 28: 6x (2M zus.abgem., 2fM) (18M)
Rd 29: 6x (2M zus.abgem., 1fM) (12M)
Rd 30+31: 12fM
1KM, abmaschen und einen längeren Faden lassen (ca. 60cm)

Kopf

In rosa beginnend

Rd 1: 6fM in einen Fadenring häkeln und zuziehen (6M)
Rd 2+3: 6fM (6M)
Farbwechsel in türkis
Rd 4: alle M verdoppeln (12M)
Rd 5+6: 12fM (12M)
Rd 7: 6x (1fM, 1DM) (18M)
Rd 8+9: 18fM (18M)
Rd 10: 6x (2fM, 1DM) (24M)
Rd 11: 24fM (24M)
Rd 12: 5fM, 14KM, 5fM (24M)
Rd 13: 5fM, 14DM, 5fM (38M)
Rd 14+15: 38fM (38M)
Rd 16: 5fM, 2DM, 8fM, 6DM, 8fM, 2DM, 5fM (48M)
Rd 17+18: 48fM (48M)
Rd 19: 16fM, 5x (2M zus.abgem., 1fM), 2M zus.abgem., 15fM (36M)
Rd 20-22: 36fM (36M)
Nun werden mit schwarzem Sticktwist die Augen gestickt und im Anschluss die Augen festgesteckt. Die Wimpern werden durch die gleiche Masche gestochen (Verlauf über 5 Runden nach oben/diagonal) wie die Augen.
Rd 23: 6x (2M zus.abgem., 4fM) (30M)
Rd 24+25: 30fM (30M)
Rd 26: 6x (2M zus.abgem., 3fM) (24M)
Nun den Kopf mit Watte ausstopfen und in den folgenden Runden ggf. noch einmal nachstopfen.
Rd 27: 6x (2M zus.abgem., 2fM) (18M)
Rd 28: 6x (2M zus.abgem., 1fM) (12M)
Rd 29: 6x 2M zus.abgem. (6M)
1KM, abmaschen und die Öffnung zunähen.

Der Kopf wird nun an den Körper angenäht. Hierbei drauf achten, dass er gerade positioniert wird. Zunächst mit der Nadel an dem Ansatz, der auf dem Körper aufkommt, durch die entsprechenden Maschen quer durchstechen und den Faden fest anziehen. Von jetzt an abwechselnd durch 1M im Körper und 1M im Kopf stechen, und den Faden immer wieder fest anziehen. So nähst du zunächst eine Runde. Bist du am Ausgangspunkt angekommen, nähst du noch eine weitere Runde – allerdings mit erweitertem Radius, d.h. du stichst in Kopf und Körper durch die Maschen der nächsten Runde. So erreichst du, dass der Kopf auch wirklich fest sitzt und nicht zu wackeln beginnt. Sollte er nach der 2. Runde immer noch nicht fest auf dem Körper sitzen, nähst du noch eine 3. Runde hinterher. Allerspätestens jetzt sollte der Kopf bombenfest auf dem Körper sitzen.

Ohren (2x)

Außenohr in türkis

Rd 1: 6fM in einen Fadenring häkeln und zuziehen (6M)
Rd 2: alle M verdoppeln (12M)
Rd 3: 6x (1fM, 1DM) (18M)
Rd 4: 6x (2fM, 1DM) (24M)
1KM, abmaschen und einen längeren Faden lassen zum späteren Annähen am Kopf.

Innenohr in rosa

Rd 1: 6fM in einen Fadenring häkeln und zuziehen (6M)
Rd 2: alle M verdoppeln (12M)
1KM, abmaschen und am Außenohr annähen – hierbei nur durch das obere Maschenglied stechen, damit es auf der Rückseite des Ohres keine rosafarbenen Stiche zu sehen sind.

Die Ohren werden im Anschluss an den Kopf angenäht.

Schwanz (türkis)

Rd 1: 6fM in einen Fadenring häkeln und zuziehen (6M)
Rd 2: 3x (1fM, 1DM) (9M)
Rd 3-33: 9fM (9M)
Nun den Chenilledraht hineinstecken.
Rd 34: 3x (2M zus.abgem., 1fM) (6M)
1KM, abmaschen und hinten am Körper annähen.

Herz (pink)

Rd 1: 6fM in einen Fadenring häkeln und zuziehen (6M)
Rd 2: alleM verdoppeln (12M)
Rd 3: 6x (1fM, 1DM) (18M)
Rd 4-8: 18fM (18M)
1KM, abmaschen
Rd 1-8 wiederholen, doch am Ende nicht abmaschen, sondern mit 1fM in den vorherigen Teil des Herzens verbinden. Die Verbindungs-fM ist die erste fM der Runde 9.
Rd 9: 36fM (36M)
Rd 10: 6x (2M zus.abgem., 4fM) (30M)
Rd 11: 30fM (30M)
Rd 12: 6x (2M zus.abgem., 3fM) (24M)
Rd 13: 24fM (24M)
Rd 14: 6x (2M zus.abgem., 2fM) (18M)
Rd 15: 18fM (18M)
Rd 16: 6x (2M zus.abgem., 1fM) (12M)
Rd 17: 12fM (12M)
Das Herz nun mit Watte ausstopfen und in den folgenden Runden immer wieder nachstopfen.
Rd 18: 6x 2M zus.abgem. (6M)
Rd 19+20: 6fM (6M)
1KM, abmaschen und die Öffnung zunähen.
Das Herz wird nun an den Armen der Maus angehäht.

Türkranz Halloween

Material: Acrylgarn in braun und schwarz (50g), sowie Reste in weiß, orange und dunkelgrün bzw. tanne (Original „Caprice" von Rellana), Häkelnadel 3,5mm, 2 Paar Sicherheitsaugen ø 10mm in weiß, 2 Paar Sicherheitsaugen ø 6mm in schwarz, Füllwatte, Styroporkranz ø 20cm, Stopfnadel, Wollnadel

Kranz (braun)

Wie der Bezug für den Kranz gehäkelt und am Kranz befestigt wird, findest auf ab S. 29

Kürbis (2x; orange)

Rd 1: 6fM in einen Fadenring häkeln (6M)
Rd 2: in jede M 1DM häkeln (12M)
Rd 3: 6x (1fM, 1DM) (18M)
Rd 4: 6x (2fM, 1DM) (24M)
Rd 5: 6x (3fM, 1DM) (30M)
Rd 6-10: 30fM (30M)
Rd 11: 6x (2M zus.abgem., 3fM) (24M)
Rd 12: 6x (2M zus.abgem., 2fM) (18M)
Den Kürbis nun mit Watte füllen, aber nicht sehr prall. Es sollte noch ein wenig Luft nach oben hin sein, damit gleich im Anschluss die „Einkerbungen" besser geschnürt werden können.
Rd 13: 6x (2M zus.abgem., 1fM) (12M)
Rd 14: 6x 2M zus.abgem. (6M)
1KM, abmaschen, einen längeren Faden lassen (ca. 50cm)
Das Fadenende durch die Wollnadel fädeln und mit der Nadel in die Masche gegenüber stechen. Dann ziehst du den Faden sehr straff einmal um den Kürbis herum (stichst dabei unten mit der Nadel unten durch die erste Runde, damit der Faden dort fixiert ist und nicht verrutschen kann), bis er auf der anderen Seite angekommen ist. Du ziehst so straff es geht. Mit der Nadel stichst du oben durch die Masche der letzten Runde (gegenüber wo du nach der letzten Häkelrunde abgemascht hast). Daraufhin stichst du oben durch die Masche rechts neben der Masche, wo du mit 1KM abgemascht hattest und ziehst den Faden auch hier wieder so straff es geht einmal um den Kürbis herum und stichst auch hier wieder mit der Nadel oben auf der gegenüberliegenden Seite. Diesen Schritt wiederholst du ein weiteres Mal, so dass der Faden oben durch

alle 6 Maschen gezogen ist und es insgesamt 6 Einkerbungen gibt. Den Faden oben verknoten und vernähen.

Ich habe diese Anleitung für den Kürbis auch als Videoanleitung auf meinem YouTube-Kanal hinterlegt, falls dieser Schritt schriftlich etwas zu kompliziert klingt. So kann man sich das alles genau anschauen und besser nacharbeiten.
Hier ist die Adresse von meinem YouTube-Kanal:
https://www.youtube.com/user/romyfischer/featured
Hier ist der Direktlink zum Kürbis-Video:
https://www.youtube.com/watch?v=Hi1OlRvZgDY

Stiel (dunkelgrün bzw. tanne)

Rd 1: 6fM in einen Fadenring häkeln und zuziehen (6M)
Rd 2-5: 6fM (6M)
1KM, abmaschen
Den Stiel mit Watte füllen und oben auf dem Kürbis annähen.

Geist (2x; weiß)

Rd 1: 6fM in einen Fadenring häkeln (6M)
Rd 2: in jede M 1DM häkeln (12M)
Rd 3: 6x (1fM, 1DM) (18M)
Rd 4-7: 18fM (18M)
Rd 8: 6x (2M zus.abgem., 1fM) (12M)
Nun die Augen anbringen (6mm; schwarz) und mit schwarzer Wolle den Mund sticken, sowie den Kopf mit Watte ausfüllen
Rd 9: 6x 2M zus.abgem. (6M)
Rd 10: alle M verdoppeln (12M)
Rd 11: 6x (1fM, 1DM) (18M)
Rd 12-16: 18fM (18M)
Rd 17: 3x (2M zus.abgem., 4fM) (15M)
Rd 18: 15fM (15M)
Rd 19: 3x (2M zus.abgem., 3fM) (12M)
Rd 20: 12fM (12M)
Den Körper nun mit Watte ausfüllen.
Rd 21: 3x (2M zus.abgem., 2fM) (9M)

Rd 22: 9fM (9M)
Rd 23: 3x (2M zus.abgem., 1fM) (6M)
Rd 24: 6fM (6M)
1KM, abmaschen

Fledermaus (2x; schwarz)

<u>Kopf/Körper</u>

Rd 1: 6fM in einen Fadenring häkeln und zuziehen (6M)
Rd 12: alle M verdoppeln (12M)
Rd 3-5: 12fM (12M)
Nun die Augen feststecken (10mm, weiß) und den Kopf mit Watte ausfüllen
Rd 6: 6x 2M zus.abgem. (6M)
Rd 7: alle M verdoppeln (12M)
Rd 8: 6x (1fM, 1DM) (18M)
Rd 9-13: 18fM (18M)
Rd 14: 6x (2M zus.abgem., 1fM) (12M)
Den Körper nun mit Watte ausfüllen.
Rd 15: 6x 2M zus.abgem (6M)

<u>Ohren</u>

4LM häkeln und daraufhin 1fM, 2Stb

Das letzte Stäbchen ergibt die Kante, an der das Ohr am Kopf angenäht wird.

<u>Flügel</u>

5LM häkeln

R 1: 4fM, 1W-LM (4M)
R 2: 1DM, 2fM, 1DM, 1W-LM (6M)
R 3: 1DM, 4fM, 1W-LM (6M)
R 4: 1DM, 4fM, 1DM, 1W-LM (8M)
R 5: 2M zus.abgem., 5fM, 1W-LM (6M)
R 6: 1DM, 3fM, 2M zus.abgem., 1W-LM (6M)

R 7: 1fM, *2LM, 1fM, ab * 4x wdh

Die Flügel mit den Zacken nach unten und zur Seite am Körper annähen (die gerade Seite wird hinten am Rücken angenäht).

Die Fledermäuse und Kürbisse wie abgebildet an den Kranz annähen. Durch den Kopf der Geister je einen weißen Faden mit der Nadel ziehen, diesen noch einmal durch den Bezug des Kranzes ziehen, und beide Enden miteinander verknoten. Darauf achten, dass das Gesicht der Geister nach vorne zeigt. Die Schlaufen, an denen die Geister hängen, können gleichlang oder aber auch unterschiedlich lang sein.

Beanie-Mütze „Wintertraum"

<u>Material:</u> Wolle „Tempo" von G-B Wolle 100g in brombeere (Farbnr. 11) und 50g in anthrazit (Farbnr. 08), Häkelnadel 6,0mm, Wollnadel

In brombeere beginnend

Rd 1: 2LM (= das 1. hStb), in einen Fadenring 8hStb häkeln und mit 1KM in die 1. LM am Anfang zur Runde verschließen
Rd 2: 2LM und 1hStb in die gleiche M, 7x alle M verdoppeln (mit hStb), 1KM in die 1.LM (18M)
Rd 3: 2LM, 2hStb in 1M, 8x (1hStb, 2hStb in 1M), 1Km in die 1. LM (27M)
Rd 4: 2LM, 1hStb, 2hStb in 1M, 8x (2hStb, 2hStb in 1M), 1KM in die 1.LM (36M)
Farbwechsel in anthrazit
Rd 5: 2LM, 2hStb, 2hStb in 1M, 8x (3hStb, 2hStb in 1M), 1KM in die 1.LM (45M)
Rd 6: 2LM, 3hStb, 2hStb in 1M, 8x (4hStb, 2hStb in 1M), 1KM in die 1.LM (54M)
Farbwechsel in brombeere
Rd 7-10: 2LM, 53hStb, 1KM in die 1. LM (54M)
Farbwechel in anthrazit
Rd 11+12: 2LM, 53hStb, 1KM in die 1. LM (54M)
Farbwechsel in brombeere
Rd 13-16: 2LM, 53hStb, 1KM in die 1.LM (54M)
Farbwechsel in anthrazit
Rd 17+18: 2LM, 53hStb, 1KM in die 1. LM (54M)
Farbwechsel in brombeere
Rd 19-22: 2LM, 53hStb, 1KM in die 1. LM (54M)
Abmaschen, den Faden vernähen.
Die Mütze auf links ziehen und ggf. oben die kleine Öffnung, falls vorhanden, zunähen.

Mütze mit Blüte

Material: Wolle „Tempo" von G-B Wolle 100g in grau (Farbnr. 07) und 50g in lila (Farbnr. 02), Häkelnadel 6,0mm, Wollnadel

Die Mütze in grau häkeln.

Rd 1: 2LM (= das 1. hStb), in einen Fadenring 8hStb häkeln und mit 1KM in die 1. LM am Anfang zur Runde verschließen
Rd 2: 2LM und 1hStb in die gleiche M, 7x alle M verdoppeln (mit hStb), 1KM in die 1.LM (18M)
Rd 3: 2LM, 2hStb in 1M, 8x (1hStb, 2hStb in 1M), 1Km in die 1. LM (27M)
Rd 4: 2LM, 1hStb, 2hStb in 1M, 8x (2hStb, 2hStb in 1M), 1KM in die 1.LM (36M)
Rd 5: 2LM, 2hStb, 2hStb in 1M, 8x (3hStb, 2hStb in 1M), 1KM in die 1.LM (45M)
Rd 6: 2LM, 3hStb, 2hStb in 1M, 8x (4hStb, 2hStb in 1M), 1KM in die 1.LM (54M)
Rd 7-15: 2LM, 53hStb, 1KM in die 1. LM (54M)
Abmaschen, den Faden vernähen.
Die Mütze auf links ziehen und ggf. oben die kleine Öffnung, falls vorhanden, zunähen.

Die Blüte in lila häkeln.
Hierfür 4LM häkeln und mit 1KM zur Runde schließen. In diese Runde insgesamt 10fM häkeln (= Rd 1).
Rd 2: 5x (4LM, 2DStb in 1M, 4LM, 1fM in die nächste M)
Abmaschen und einen längeren Faden lassen zum Annähen an die Mütze.
Die Blüte auf die gewünschte Stelle der Mütze anlegen und ggf. mit Stecknadeln feststecken. Die Blüte nun festnähen.

Winterhut

<u>Material:</u> Wolle „Tine" von Woolworth 200g in rot (Farbnr. 02; 90m Lauflänge/100g), Häkelnadel 6,0mm, Wollnadel

Rd 1: 2LM (= das 1. hStb), in einen Fadenring 8hStb häkeln und mit 1KM in die 1. LM am Anfang zur Runde verschließen
Rd 2: 2LM und 1hStb in die gleiche M, 7x alle M verdoppeln (mit hStb), 1KM in die 1.LM (18M)
Rd 3: 2LM, 2hStb in 1M, 8x (1hStb, 2hStb in 1M), 1Km in die 1. LM (27M)
Rd 4: 2LM, 1hStb, 2hStb in 1M, 8x (2hStb, 2hStb in 1M), 1KM in die 1.LM (36M)
Rd 5: 2LM, 2hStb, 2hStb in 1M, 8x (3hStb, 2hStb in 1M), 1KM in die 1.LM (45M)
Rd 6: 2LM, 3hStb, 2hStb in 1M, 8x (4hStb, 2hStb in 1M), 1KM in die 1.LM (54M)
Rd 7-15: 2LM, 53hStb, 1KM in die 1. LM (54M)
Rd 16: 2LM, 53hStb in das vordere M-Glied, 1KM in die 1. LM (54M)
Rd 17: 2LM, 2hStb in 1M, *1hStb, 2hStb in 1M, ab * wdh, am Ende 1KM in die 1. LM (81M)
Rd 18: 2LM, 80hStb, 1KM in die 1. LM (81M)
Rd 19: 2LM, 1hStb, 2hStb in 1M, * 2hStb, 2hStb in 1M, ab * wdh, am Ende 1KM in die 1. LM (108M)
Abmaschen, den Faden vernähen.
Die Mütze auf links ziehen und ggf. oben die kleine Öffnung, falls vorhanden, zunähen.

Weitere Bücher

Amigurumi Factory – Band 1: Süße Kuscheltierchen häkeln

Viele weitere E-Books:

Über mich

Ja, das bin dann wohl ich...

Zunächst möchte ich mich ganz herzlich bedanken, dafür dass du Interesse an meinen Modellen hast und dir die Zeit nimmst, sie nachzuarbeiten. Das ist für mich wirklich eine sehr große Ehre. Und ich hoffe, du hast deine Freude mit dem Ausarbeiten der Modelle und auch mit den Modellen selbst.

Was gibt es sonst über mich zu sagen...?
Ich bin im Jahr 1981 in Hannover geboren und war schon ein recht kreatives Kind, habe gerne gemalt, gebastelt, aber auch schon in sehr jungen Jahren mit meiner Großmutter zusammen Handarbeiten gemacht. Zunächst hat sie mir das Stricken beigebracht, das Häkeln habe ich mir später selbst beigebracht. Das Thema Handarbeiten begleitet mich also schon mein ganzes Leben.
Später habe ich mein Fachabitur in Sozialwesen gemacht, was ich zunächst dann auch studiert habe. Eine zusätzliche Ausbildung zur Psychologischen Beraterin folgte.

Seit einigen Jahren arbeite ich als Autorin und Schriftstellerin. Folgende Bücher habe ich bereits veröffentlicht:

- Das Horrorskop
- Das Leiden einer jungen Ebay-Verkäuferin
- Panikattacke Deluxe. Angst & Panik? Einfach drüber lachen
- Die Anti-Psychiaterin (Hörbuch)
- Meine Mutter, ihre Persönlichkeitsstörung und ich (Hörbuch)

Mein erstes Handarbeitsbuch lautet:
„Amigurumi Factory – Band 1: Süße Kuscheltierchen häkeln"
Es folgten bereits mehrere E-Books mit Einzelanleitungen.

Privat bin ich in einer verrückten Hippie-Kommune untergekommen. Das bedeutet, ich werde freundlicherweise von 2 Katern geduldet, sofern ich die Miete zahle, die Dosen öffne und auch sonst alle Aufgaben im Haushalt übernehme.